EL SHADDAI

The God Who Is More Than Enough

by Kenneth E. Hagin

FAITH LIBRARY PUBLICATIONS

충분하고도 넘치는 하나님

엘샤다이

케네스 해긴 지음 | 김진호 옮김

믿음의 말씀사

EL SHADDAI
by Kenneth E. Hagin

2008 / Korean by Word of Faith Company, Korea.
Translated and published by permission
Printed in Korea.

충분하고도 넘치는 하나님 엘 샤다이

1판 1쇄 발행일 · 2008년 3월 13일
2판 1쇄 발행일 · 2012년 4월 23일

지 은 이 케네스 해긴
옮 긴 이 김 진 호
발 행 인 최 순 애
펴 낸 곳 믿음의 말씀사
주 소 446-855 경기도 용인시 기흥구 신정로 301번길 59
전화번호 031) 8005-5483/5493 FAX : 031) 8005-5485
홈페이지 http://faithbook.kr
출판등록 제68호 (등록일 2000. 8. 14)

ISBN 89-90836-54-9 03230
값 2,500원

본 책에 인용된 성경 구절은 개역개정이며, 예외의 경우에는 따로 표기함.

목 차

제 1 장

충분하고도 넘치는 하나님

The God Who Is More Than Enough

하나님이 이르시되 그가 나를 사랑한즉 내가 그를 건지리라 그가 내 이름을 안즉 내가 그를 높이리라 그가 내게 간구하리니 내가 그에게 응답하리라 그들이 환난 당할 때에 내가 그와 함께 하여 그를 건지고 영화롭게 하리라 내가 그를 장수하게 함으로 그를 만족하게 하며 나의 구원을 그에게 보이리라 하시도다

– 시 91:14-16

아브람이 구십구 세 때에 여호와께서 아브람에게 나타나서 그에게 이르시되 나는 전능한 하나님이라 너는 내 앞에서 행하여 완전하라

– 창 17:1

주님께서 아브람에게 나타나셨을 때 주님이 하신 말씀은 히브리어로는 "나는 엘 샤다이El Shaddai이다." 입니다.

엘 샤다이는 하나님께서 이스라엘에게 자신을 계시하셨던 일곱 가지 언약의 이름 중에 하나입니다. 히브리어로 엘 샤다이는 "모든 것이 충분하신 분the All-Sufficient One" 또는 "충분하고도 넘치는 하나님the God who is more than enough"이라는 뜻입니다.

킹제임스 성경의 번역자들은 엘 샤다이를 "전능하신 하나님Almighty God"이라고 번역하였습니다. 나는 이 번역을 좋아합니다. 만일 하나님께서 모든 것이 충분하신 분이라면 그분은 전능하신 분이요, 충분하고도 넘치는 분입니다.

구약 성경 전체를 통하여 전능하신 하나님은 자신을 충분하고도 넘치는 분으로 계시하시고 보여 주셨습니다.

그분은 아브라함과 이삭과 야곱의 하나님이십니다. 그분은 아브라함에게 이렇게 말씀하셨습니다. "너는 반드시 알라 네 자손이 이방에서 객이 되어 그들을 섬기겠고 그들은 사백 년 동안 네 자손을 괴롭히리니 그들이 섬기는 나라를 내가 징벌할지며 그 후에 네 자손이 큰 재물을 이끌고 나오리라"(창 15:13-14)

사백삼십 년이 지나갔습니다. 하나님께서 나타나셔서 모세라는 이름을 가진 사람에게 말씀하셨습니다. 그는 이스라엘 자손들을 이집트에서 이끌어 내었습니다.

그러나 그들이 이집트를 떠날 때 바로의 심령은 완악했습니다. 그는 그들을 다시 잡아서 종으로 부리려고 군대를 보내어 그들의 뒤를 추격했습니다.

이스라엘 자손들은 홍해 해변에 서서 이렇게 부르짖었습니다. "우리는 어떻게 해야 합니까? 우리는 어떻게 해야 합니까?"

이집트 군대는 뒤에서 쫓아오고 홍해는 앞에 놓여 있었습니다. 한 쪽은 광야였고 다른 쪽은 산지였습니다.

충분하고도 넘치는 하나님께서 모세에게 "네 지팡이를 내밀어라"라고 말씀하셨습니다. 모세가 그렇게 하였을 때 홍해의 바닷물은 이스라엘 자손들이 마른 땅을 다 건널 때까지 오랫동안 갈라져 있었습니다. 그들은 구원받았습니다!

이집트 군대는 그들의 뒤를 따라 건너려고 하다가 그 바다 깊이 빠지고 말았습니다.

현대의 한 설교자가 이렇게 썼더군요. "글쎄요, 사실은 그것은 별로 기적이 아니었습니다. 그들이 건넜던 그 바닷물은 **발목 깊이** 정도였으니까요."

이런 글을 읽을 때 나는 이런 생각이 들었습니다. '오, 주님! 그 불쌍하고 바보스런 사람은 군대가 다 발목 깊이 물에 빠져 죽었다고 생각하는 모양입니다! 군대가 다 발목 깊이 물에 빠져 죽었다면 그것이야말로 더 큰 기적이 아니고 무엇이겠습니까!'

문제는 그들이 발목 깊이 물에 빠져 죽었다는 것이 아니라, 하나님께서 바닷물을 가르셔서 이스라엘 사람들이 마른 땅으로 건넜다는 것입니다. 성경에서 일어났다고 하는 그대로 일어난 일입니다. 하나님께서 홍해를 가르셨습니다.

이스라엘 자손들이 건너편에 안전하게 도달했을 때 여자들은 자신들이 가지고 있던 악기들을 꺼내어 노래하며 춤을 추기 시작했습니다. 하나님의 영이 그들에게 주신 노래에는 이런 가사가 있습니다. "큰 물이 바다 가운데 **엉기니이다**"(출 15:8)

"엉긴" 물이란 얼은 물입니다. 하나님께서는 바닷물이 벽처럼 양쪽에 서 있도록 만드셨습니다. 하나님께서 물을 얼게 하셨습니다. 이스라엘 자손들은 마른 땅으로 밟으면서 바다를 건넜습니다. 말씀이 선포되자 물은 다시 하나가 되었습니다. **그분은 충분하고도 넘치는 분입니다!**

이스라엘 자손들이 가나안 땅에 도착한 후에 다른 어려움들을 만나게 되었습니다. 하루는 적군과 결정적인 전투를 하고 있었습니다. 해가 지고 있었습니다. 밤이 된다면 그들은 전쟁에서 질지도 모릅니다. 그들의 지휘관 여호수아는 태양과 달이 하늘에서 멈추도록 기도했습니다(수 10:13).

그러자 하나님께서는 한 사람의 기도로 인하여 전 우주를 멈추셨습니다! 하나님은 모든 것이 충분하신 분, 전능하신 분, **충분하고도 넘치는 분**이시기 때문에 그렇게 하실 수 있었습니다!

구약 성경 전체를 통해서 우리는 충분하고도 넘치는 이 하나님께서 족장들과 선지자들과 왕들과 같은 다양한 사람들의 삶에서 자신을 계시하시는 것을 봅니다.

엘리야가 갈멜산 위에서 기도할 때 하나님의 불이 하늘에서 내려와 희생제물을 태워버렸습니다. 바알을 섬기던 선지자들은 패배 당했습니다(왕상 18장). **그분은 충분하고도 넘치는 하나님이십니다!**

다윗의 전사들을 보고 우리는 초인들의 활약이라고 생각합니다. 물론 초자연적인 업적을 이루었음에도 불구하고 그들은 다치지도 죽지도 않았습니다. 그들은 하나님의 능력이 그 위에

임하였기 때문에 원수를 이겼습니다. **그분은** 전쟁 중에도 **충분하고도 넘치는 분입니다!**

신약 성경으로 넘어오면 예수님께서 나타나셔서 이렇게 말씀하시는 것을 우리는 봅니다. "나를 본 자는 아버지를 보았다"(요 14:9) 예수님은 유대인들에게 이렇게 말씀하셨습니다. "너희 조상 아브라함은 나의 때 볼 것을 즐거워하다가 보고 기뻐하였느니라"(요 8:56)

유대인들은 이렇게 대답하였습니다. "네가 아직 오십 세도 못 되었는데 아브라함을 보았느냐?"(57절)

예수님께서 말씀하셨습니다. "아브라함이 나기 전부터 내가 있느니라"(58절).

하나님께서는 구약 성경에서 모세에게 자신을 스스로 있는 위대한 하나님the great God I AM으로 계시하셨습니다. 예수님께서는 유대인들에게 "내가 바로 그 하나님이다. 너희들은 바로 지금 그 하나님을 보고 있다."라고 말하려고 하신 것입니다. 주 예수 그리스도께서는 이 땅에서 사실 때 자신이 바로 그 스스로 있는 위대한 하나님이심을 보여 주셨습니다. **그분은 충분하고도 넘치는 분입니다!**

우리는 예수님과 제자들이 무리들과 함께 들판에 계신 것을 봅니다. 예수님은 우리가 "산상 수훈"이라고 부르는 설교를 하셨습니다. 사람들은 음식이 없이 며칠을 보냈으며 기진하여 쓰러질 지경이 되었습니다. 예수님은 제자들에게 무리에게 먹을 것을 주라고 말씀하셨습니다.

그들은 이렇게 대답했습니다. "우리는 가진 것이 없습니다!"

그들은 주위를 둘러보았지만 그들이 찾아 낸 것은 한 소년이 내어 놓은 도시락인 보리 떡 다섯 덩어리와 두 마리의 작은 생선이 전부였습니다(요 6:9).

예수님은 그들에게 무리를 지어 앉게 하셨습니다. 예수님은 어린 소년의 점심을 가지고 5,000명을 먹이셨습니다. **그분은 충분하고도 넘치는 분입니다!**

한 유명한 현대의 설교자가 이렇게 말했습니다. "실제로 그건 기적이 아닙니다. 그 당시에는 오늘날 우리가 아는 것보다 빵 덩어리가 훨씬 컸으니까요."

그는 그 빵이 한 어린 소년의 점심이었다는 것을 잊고 있습니다!

성경 어디에서나 예수님은 충분하고도 넘치는 분으로 나타나셨습니다!

예수님께서는 그의 어머니와 함께 갈릴리 가나의 한 혼인 잔치에 참석하셨습니다. 어머니는 예수님께 포도주가 떨어져 간다고 말씀하시며, 시중드는 사람들에게 "그가 무슨 말을 하든지 그대로 하라"라고 지시했습니다(요 2:5).

예수님은 그들에게 항아리를 물로 채우라고 말하신 뒤 그것을 연회장에게 가져가라고 말씀하셨습니다. 그들이 연회장에게 갔을 때 물은 포도주로 변해 있었고 연회장은 이렇게 외쳤습니다. "당신들은 가장 좋은 포도주를 맨 마지막까지 남겨 두었었군요!" **그분은 충분하고도 넘치는 분입니다!**

예수님께서 나인이란 도시에 가까이 가실 때 한 장례식 행렬이

성문에서 나와서 묘지를 향하여 가는 것을 만나셨습니다. 죽은 자는 한 과부의 외아들이었습니다. 그래서 **충분하고도 넘치는 분**인 예수님은 그 행렬을 멈추게 하시고 관 쪽으로 걸어 가셔서, 그에게 일어나라고 명령하셨습니다.

그는 일어났으며 예수님은 그를 그의 어머니에게 돌려보내셨습니다. **그분은 충분하고도 넘치는 분입니다!**

하루는 예수님의 친구인 나사로가 죽어가고 있다는 말이 예수님께 전해졌습니다. 그러나 예수님은 베다니로 가기 전에 일부러 며칠을 더 기다리셨습니다(요 11:1-44).

예수님께서 오고 계신다는 소식을 듣자 마르다는 주님을 맞으러 달려 나가서 이렇게 말했습니다. "오, 주님, 주님이 여기 계셨더라면 나사로가 죽지 않았을 텐데요!"

예수님께서 말씀하셨습니다. "네 오라비가 다시 살아날 것이다."

마르다가 대답했습니다. "마지막 부활에 그가 다시 살아날 것은 우리도 알고 있습니다."

예수님께서 말씀하셨습니다. "내가 부활이요 생명이다." 그리고 그분은 말씀하셨습니다. "그의 무덤으로 나를 데려다 다오." 나사로의 몸은 돌로 봉해진 굴속에 안치되어 있었습니다.

예수님께서 그 돌을 굴려 치우라고 명하시자 그들은 "오, 지금쯤 썩는 냄새가 날 텐데요!"라고 말했지만, 결국 주님이 시키신 대로 했습니다.

예수님은 "나사로야, 나오너라!"라고 말씀하셨습니다. 나사로는 수의에 싸여 묶여있는 채로 나왔습니다. 예수님께서 말씀하셨습니다. "그를 풀어 놓아 다니게 하라."

충분하고도 넘치는 하나님은 죽음보다 크십니다!

어느 날 여리고 밖에서 예수님은 길가에 앉아있는 바디매오라는 이름의 소경 거지를 보았습니다. 바디매오는 나사렛 예수가 가까이 오고 있다는 소식을 듣고 소리를 지르기 시작했습니다. "다윗의 아들 예수여, 나를 불쌍히 여겨주세요!"(막 10:47)

예수님은 멈추어서 말씀하셨습니다. "내가 너를 위해 무엇을 해 주기를 원하느냐?" 바디매오가 대답했습니다. "주여, 보기를 원합니다."(51절)

하나님을 찬양합니다. **그분은 충분하고도 넘치는 분이었습니다!**

너무나도 자주 우리는 모든 것을 과거로 돌려버립니다. 우리는 "오, 참 그때는 좋았지. 그 당시는 하나님께서 그런 모든 일을 하셨지. 얼마나 놀라운 일입니까!"라고 말합니다.

아니면 우리는 현재는 건너뛰고, 앞으로 천국에 가면 어떻게 될 것인가에 대해서 말하기를 좋아합니다. "언젠가는 모든 것이 끝날 거야." 우리는 "언젠가는 눈물이 있는 이곳을 떠나게 될 거야. 여기서는 추위와 더위 속에 떠도는 거지처럼 방황하며 살고 있지만……."이라고 말합니다.

우리가 하나님을 믿으면 **지금** 달라질 수 있습니다. 우리가 하나님을 신뢰한다면 **이 자리에서** 달라질 것입니다. **그분은 지금 충분하고도 넘치는 하나님이십니다.**

그분은 모든 것이 충분한 분입니다. 그분은 어제의 하나님만이 아니라 오늘의 하나님이십니다. 그분은 "나는 충분하고도 넘치는 하나님**이었다.**"라고 말씀하시지 않았습니다. 아닙니다! 그분은 "나는 충분하고도 넘치는 하나님이 **될 것이다.**"라고 말씀하시지 않았습니다. 그분은 **현재형으로** "나는 엘 샤다이이다." 라고 말씀하셨습니다.

하나님의 계획이었기 때문에 예수님은 친히 우리의 죄와 질병을 짊어지셨습니다. 그분은 자신을 죄인들의 손에 넘겨주고, 십자가에서 못 박히시고, 숨을 거두셨습니다.

우리를 대신하여 죄가 되시기 전에는 그분은 죽임을 당할 수 없었습니다. 그분은 우리의 자리를 차지하셨습니다. 그분은 사망의 감옥으로 내려 가셔야 했습니다. 왜냐하면 그분은 우리의 대속자이셨기 때문입니다.

당시 지옥의 모든 마귀들이 지옥의 뒷골목을 오르락내리락하면서 "우리는 하나님의 목적을 이루지 못하게 하였다!"라고 하며 즐거워하는 모습을 상상할 수 있습니다.

그러나 그 셋째 날 아침, 충분하고도 넘치는 하나님께서 이렇게 말씀하셨습니다. "이만하면 충분하다! 그가 의의 요구를 만족시켰다."

죽음은 원수로부터 나온 것입니다. 예수님께서 죽음에서 살아나시기 전까지는 사탄이 죽음의 능력을 가지고 있었다고 하나님의 말씀이 말합니다.

그러나 예수님께서 죽음을 정복하셨습니다. 지옥에서 예수님은 자신 위에 덮친 정사와 권세를 이기시고, 벗겨버리시고, 공개적으로 구경거리로 만드셨습니다(골 2:15). [밧모 섬에 있는 요한에게 주님은 나중에 이렇게 말씀하셨습니다. "(나는) 곧 살아 있는 자라 내가 전에 죽었었노라 볼지어다 이제 세세토록 살아 있어 사망과 지옥의 열쇠를 가졌노니"(계 1:18)]

승천하실 때, 그분은 무덤에서 자신의 몸을 취하셨습니다.

기름을 바르는 절차를 마무리하려고 그 무덤에 왔던 마리아는 그분의 몸이 없어진 것을 발견했습니다. 그녀는 동산지기로 여겨지는 한 남자에게 물었습니다. "그들이 그분을 어디다 두었습니까?"

그가 대답했을 때, 마리아는 그분이 바로 부활하신 주 예수님인 것을 알았습니다. 그녀는 손을 내밀어 그분을 만지려고 했습니다.

그러자 주님께서 말씀하셨습니다. "나를 붙들지 말라 내가 아직 아버지께로 올라가지 아니하였노라 너는 내 형제들에게 가서 이르되 내가 내 아버지 곧 너희 아버지, 내 하나님 곧 너희 하나님께로 올라간다 하라"(요 20:17)

높이 승천하셨을 때, 예수님은 자신의 피를 우리를 위한 영원한 제물로 드리려고 하늘나라의 지성소에 들어가셨습니다.

그리고 이 땅으로 돌아오셔서 그분은 제자들에게 이렇게 말씀하셨습니다. "너희에게 평강이 있을지어다."

그들은 놀라서 "영spirit이다."라고 외쳤습니다.

예수님은 대답하셨습니다. "내 손과 발을 보고 나인 줄 알라

또 나를 만져 보라 영은 살과 뼈가 없으되 너희 보는 바와 같이 나는 있느니라"(눅 24:39)

그분은 이미 자신의 보혈을 높은 곳에서 드리고 오셨기 때문에, 이제 그들은 그분을 만질 수 있었습니다.

하나님께 감사드립니다. 그분은 전능하신 하나님이십니다. 그분은 모든 것이 충분한 분입니다. **그분은 충분하고도 넘치는 하나님이십니다.**

제 2 장

하나님께서 당신을 위해 하고자 하시는 일곱 가지

Seven Things God Wants To Do for You

시편 91편에는 **엘 샤다이**, 즉 충분하고도 넘치는 하나님께서 그분을 사랑하는 자를 위해서 하시겠다고 말씀하신 일곱 가지가 있습니다.

"그가 나를 사랑하였으므로

(1) 내가 **그를 건지리라**

(2) 그가 내 이름을 안즉 **그를 높이리라**

(3) 그가 내게 간구하리니 내가 **그에게 응답하리라**

(4) 그들이 환난 당할 때에 내가 **그와 함께 하여** 그를 건지고

(5) **영화롭게 하리라**

(6) **내가 그를 장수하게 함으로 그를 만족하게** 하며

(7) 나의 구원을 그에게 보이리라"

우리는 "내가 …하리라I will, I shall"라는 단순한 말의 중요성을 이해할 필요가 있습니다.

매우 학식이 많은 어떤 사람이 목회 훈련을 받고 있는 우리 학생들에게 연설을 한 적이 있습니다. 이 사람은 많은 언어를 구사할 수 있는 박식한 사람이었습니다. 실제로 한 학생이 얼마나 많은 언어를 구사할 수 있느냐고 묻자 그는 32개 언어라고 대답했습니다.

이 학자는 1차 세계대전 중에 미국 정부를 위해 번역을 했던 사람이었습니다. 이 사람은 그 당시에 으뜸가는 히브리어와 헬라어 학자로 인정받고 있었습니다.

그가 우리를 방문했던 날 그는 헬라어로 된 신약성경을 읽고 있었습니다. 그는 말했습니다. "히브리어도 마찬가지이지만 헬라어에는 영어로는 전혀 표현할 수 없는 말들이 있습니다. 예를 들면, 요한복음 14:13에서 예수께서 '너희가 내 이름으로 무엇을 구하든지 내가 행하리니' 라고 말씀하신 것을 킹제임스 번역에서는 '내가 …하리니' 라는 말을 'I will' 이라고 표현했습니다."

그는 계속해서 설명했습니다. "영어에서 가장 강한 의지를 표현하는 단어가 'I will' 과 'I shall' 밖에 없기 때문에 번역자들은 둘 중의 하나를 써야 했습니다. 영어에서는 '내가 행하리니I will / shall do it' 라는 것보다 더 강한 표현을 할 수 없습니다. 번역자들은 여기에서 영어로 할 수 있는 가장 강한 표현을 써야 한다고 생각했고 최대한 그렇게 번역한 것입니다."

그 학자는 헬라어 원문으로 그 구절을 우리에게 읽어주었습니다(나는 전혀 알아들을 수 없었습니다). 그리고 그는 이렇게 말했습니다. "이제 여러분을 위해서 이 말씀을 문자 그대로 번역해서 읽어드리겠습니다."

문자 그대로 번역하면 이런 의미입니다.

"너희가 무엇이든지 내 이름으로 구하고, 만약 내가 그것을 가지고 있지 않다면, 내가 너희를 위해 그것을 만들어 줄 것이다!"

"내가 너를 위해 만들어 줄 것이다." 하나님께 감사드립니다. 그분은 만들어 주실 수 있는 분입니다. **왜냐하면 그분은 엘샤다이, 즉 충분하고도 넘치는 하나님이니까요!**

시편 91편에서 하나님께서 아래 일곱 가지 일을 행하겠다고 말씀하시는 것을 보면서 나는 이 일을 떠올렸습니다.

첫째, "내가 그를 건지겠다."

하나님께 감사드립니다. 충분하고도 넘치는 이 하나님은 건지시는 하나님이십니다!

앞에서 본 것처럼, 하나님은 아브라함에게 그의 자손들이 400년 동안 외국 땅에서 나그네가 될 것이라고 말씀하셨습니다. 그러나 하나님은 "내가 그들을 강한 손으로 끌어낼 것이라"라고 약속하셨습니다.

하나님께서는 자신이 한 약속을 잊어버리지 않으십니다. 이집트에서 자유가 없는 생활을 시작한지 430년 후에 하나님께서는 이스라엘을 속박에서 이끌어 내시려고 모세와 아론을 일으켜

세우셨습니다. 하나님께서는 그들을 강한 손으로 이끌어 내셨습니다. 그분은 오늘도 여전히 건지시는 하나님이십니다! **그분은 충분하고도 넘치는 분이십니다!**

사도행전 10:38을 보십시오. "하나님이 나사렛 예수에게 성령과 능력을 기름 붓듯 하셨으매 그가 두루 다니시며 선한 일을 행하시고 마귀에게 눌린 **모든** 사람을 고치셨으니 이는 하나님이 함께 하셨음이라."

사탄은 압제자이며, 예수님은 해방자이십니다.

둘째, "그가 내 이름을 안즉 내가 그를 높이리라."

이 구절은 다섯째 요점과 함께 공부하도록 하겠습니다.

셋째, "그가 내게 간구하리니 내가 응답하리라."

하나님은 언제나 기도에 응답하시는 하나님이셨습니다. 성경 전체를 통하여 하나님은 "내가 응답하리라"라고 말씀하십니다.

예레미아 33:3은 이렇게 말합니다. "너는 내게 부르짖으라 내가 네게 응답하겠고 네가 알지 못하는 크고 은밀한 일을 네게 보이리라"

이사야 43:25-26은 이렇게 말합니다. "나 곧 나는 나를 위하여 네 허물을 도말하는 자니 네 죄를 기억하지 아니하리라 너는 나에게 기억이 나게 하라…"

하나님께 그분의 약속을 기억나게 하십시오! 그분에게 그분의 말씀을 기억나게 하십시오!

신약성경에 오면 우리는 우리를 흥분시키는 놀라운 약속들을 발견합니다.

마 7:7,8
7 구하라 그리하면 너희에게 주실 것이요 찾으라 그리하면 찾
아낼 것이요 문을 두드리라 그리하면 너희에게 열릴 것이니
8 구하는 이마다 받을 것이요 찾는 이는 찾아낼 것이요 두드리
는 이에게는 열릴 것이니라

막 11:24
그러므로 내가 너희에게 말하노니 무엇이든지 기도하고 구하는 것은 받은 줄로 믿으라 그리하면 너희에게 그대로 되리라

요 16:23
그 날에는 너희가 아무 것도 내게 묻지 아니하리라 내가 진실로 진실로 너희에게 이르노니 너희가 무엇이든지 아버지께 구하는 것을 내 이름으로 주시리라

사도행전에 오면 우리는 여전히 **충분하고도 넘치는 하나님**이 우리의 기도에 응답하시는 분임을 볼 수 있습니다.

어느 날 베드로와 요한은 미문이라는 곳을 통과하여 성전으로 가다가 구걸을 하고 있는 한 앉은뱅이를 보게 되었습니다. 오후 세 시쯤으로 기도시간이었습니다.

성경은 베드로가 "그에게 주목하였다."라고 말하고 있습니다. 그는 말했습니다. "우리를 보라." 그 남자는 동전을 몇 개 받을 것을 기대하면서 그를 쳐다보았습니다. 그러나 베드로는 이렇게 말

했습니다. "은과 금은 내게 없거니와 내게 있는 이것을 네게 주노니 나사렛 예수 그리스도의 이름으로 일어나 걸으라"(행 3:6)

베드로가 그 거지의 손을 잡고 자기 발로 서도록 일으키자 그의 발과 발목은 강해졌습니다. 그는 즉시 치유를 받고 그들과 함께 "걷기도 하고 뛰기도 하며 하나님을 찬송"하면서 성전 안으로 들어갔습니다(8절).

이 기적의 소식이 퍼지자 사람들이 모여들었습니다. 베드로와 요한은 말씀을 선포한 것 때문에 붙잡혔으며, 다음날 대제사장과 장로들은 그들에게 예수의 이름으로는 더 이상 설교하거나 가르치지 말라고 명령을 내렸습니다(행 4:18).

"사도들이 놓이매 그 동료에게 가서 제사장들과 장로들의 말을 다 알리니"(23절) 하나님을 찬양합시다! 나는 이것을 매우 좋아합니다. 그들은 자기 동료들에게 갔습니다.

그러자 모인 신자들은 모두 함께 그들의 목청을 높여서 하나님께 이렇게 기도했습니다. "주여 이제도 그들의 위협함을 굽어보시옵고…"(29절) 또한 그들은 기도를 이렇게 마무리했습니다. "또 종들로 하여금 담대히 하나님의 말씀을 전하게 하여 주시오며 손을 내밀어 병을 낫게 하시옵고 표적과 기사가 거룩한 종 예수의 이름으로 이루어지게 하옵소서"(29-30절)

성경은 그들이 모인 곳이 진동하고 무리가 다 성령으로 충만하였다고 말하고 있습니다. 하나님을 찬양합시다. 오늘날 우리도 우리가 기도하고 있는 바로 그 자리를 진동시키는 기도가 필요합니다.

그분은 기도에 응답하시는 하나님이십니다. 그분은 "내가 그에게 응답하리라"라고 말씀하셨습니다.

또 다른 예는 바울과 실라가 빌립보 감옥에 갇혀있던 사도행전 16장에서 발견됩니다.

그들은 깊은 감옥에 갇혔습니다. 그들의 발은 족쇄에 묶여있었으며 등은 매를 맞아서 피가 흐르고 있었습니다. "한밤중에 바울과 실라가 기도하고 하나님을 찬송하매 죄수들이 듣더라"(25절)

한밤중입니다! 말 그대로 한밤중에 일어난 일입니다! 그러나 여기 상징적인 의미도 있습니다. 성경은 당신이 당신의 인생에서 한밤중이라고 할 수 있는 가장 어두운 시간에 어떻게 해야 하는지를 말하고 있습니다. 한밤중에 그들은 하나님께 기도하고 하나님을 찬양했습니다.

다른 죄수들이 들었다는 사실은 그들이 그것을 아무 소리도 내지 않고 조용히 한 것이 아니라는 뜻입니다. 그들은 큰 소리로 기도하고 찬양을 드렸습니다. 맞습니다. 죄수들이 들었습니다만 또 다른 분도 들었습니다. 바로 **충분하고도 넘치는 하나님**께서 들으셨습니다!

나는 하나님께서 천국의 난간에서 내려다보시면서 한 천사에게 "이게 도대체 무슨 소리냐?"라고 물어보시는 것을 상상할 수 있습니다.

그 천사는 "저 아래 감옥에 있는 바울과 실라가 내는 소리입니다."라고 보고합니다.

그러자 하나님께서는 천국 난간에서 팔을 뻗어, 모든 문과 창문과 감방문이 갑자기 열릴 때까지 그 감옥을 잡고 흔드십니다.

간수는 이 사실을 보고 모든 죄수들이 탈옥했다고 생각합니다. 죄수들이 탈출하면 자기가 죽게 된다는 것을 알고 있던 그가 자기 칼에 엎어져서 스스로 자살을 하려고 할 때 바울이 이렇게 말했습니다. "당신의 몸을 상하게 하지 마십시오. 우리가 다 여기 있습니다."(28절)

그 간수는 등불을 달라고 하더니 부리나케 달려 들어와 부들부들 떨면서 바울과 실라 앞에 엎드려 "선생님들, 제가 구원을 받으려면 어떻게 해야 합니까?"라고 물었습니다.

그들은 이렇게 대답했습니다. "주 예수를 믿으라 그리하면 너와 네 집이 구원을 받으리라"(31절)

그는 바로 그 밤에 구원을 받았고, 그들은 함께 그의 집에서 식사를 했습니다.

서신서를 보면 사도 바울은 이렇게 말하고 있습니다.

> 빌 4:6
> 아무 것도 염려하지 말고 다만 모든 일에 기도와 간구로 너희 구할 것을 감사함으로 하나님께 아뢰라

"아무 것도 염려하지 말고…"라는 표현은 그리 분명하지는 않습니다. "아무 것도 안달하거나 걱정하지 마십시오."가 더 나은 번역입니다.

하나님께서는 당신이 어떤 것에 대해서도 걱정하거나 염려하기를 원하지 않으십니다. 당신이 염려하는 사람이라면 그래서는 안 됩니다. 그분은 "아무 것도 염려하지 말라"라고 하셨습니다. 왜 그러셨을까요? 왜냐하면 그분은 모든 것이 충분하신 분, 결코 변하지 않으시는 분, 결코 실패하지 않으시는 분, 바로 충분하고도 넘치는 하나님이시기 때문입니다. 그분은 과거에도 할 수 있으셨고 지금도 할 수 있으십니다. (예수 그리스도는 어제나 오늘이나 영원토록 동일하신 분입니다.) 뿐만 아니라 그분은 바로 **당신**에게 관심이 있으십니다. 그분은 **당신**을 마음에 두고 계십니다. 그래서 그분은 이렇게 말씀하셨습니다. "그가 나를 사랑한즉 … 내가 그에게 응답하리라." 그분은 "그것이 내 뜻이면 내가 그에게 응답하리라"라고 말씀하지 않으셨습니다. 그는 단지 "그가 나를 사랑한즉 내가 그에게 응답하리라"라고 말씀하셨습니다.

당신이 그분을 사랑한다면, 당신의 뜻은 하나님의 말씀과 일치할 것입니다. 하나님과 교제하며 사는 사람은 하나님의 뜻 밖에 있는 것은 어떤 것도 구하지 않을 것입니다. **하나님의 말씀은 하나님의 뜻입니다.**

넷째, "그들이 환난을 당할 때에 내가 그와 함께 하여 그를 건지리라."

당신이 거듭났고 성령으로 충만함을 받았으면 이제는 어떤 어려움도 없을 것이라고 하나님은 말씀하지 않으셨습니다. 사실

하나님께서는 당신이 그리스도인이기 때문에 겪게 될 어려움에 대해서 언급하고 계십니다.

세상이 당신을 박해할 것입니다. 그들은 당신에 대해서 말할 것입니다. 그들은 당신에 대해서 험담을 할 것입니다. 이 세상의 신인 마귀는 당신을 따라다니며 압력을 가할 것입니다.

이런 일이 일어날 때 어떤 사람들은 하나님께서 그들에게 압력을 가하신다고 생각합니다. 아닙니다! 사탄이 바로 질병과 아픔을 주는 자입니다!

> 요 10:10
> 도둑이 오는 것은 도둑질하고 죽이고 멸망시키려는 것뿐이요 내가 온 것은 양으로 생명을 얻게 하고 더 풍성히 얻게 하려는 것이라

여기서 예수님께서는 마귀의 일과 자신의 일을 대조하고 있습니다. 하나님은 도둑이 아닙니다. 예수님은 도둑이 아닙니다. 천국은 도둑의 것이 아닙니다. 지옥에 있는 마귀가 도둑입니다. 그는 고린도후서 4:4에서 이 세상 신이라고 불렸습니다. 그는 당신을 패배시키려고 하는 자입니다.

그는 으르렁거리는 사자처럼 배회하고 있습니다(벧전 5:8). 그는 으르렁거리는 사자가 아닙니다. 그는 삼킬 자를 찾으면서 우는 사자**처럼** 흉내를 내고 있을 뿐입니다. 당신이 허락만 한다면 그는 당신을 삼켜버릴 것입니다. 그러나 하나님께 감사합시다. 우리는 그렇게 될 필요가 없습니다.

맞습니다. 하나님께서는 우리가 어려움을 당하지 않는 것이 아니라 "내가 어려운 가운데 너희와 함께 하겠다"라고 하셨습니다.

시 34:19
의인은 고난이 많으나 여호와께서 그의 모든 고난에서 건지시는도다

고난 가운데 반이라고 하였습니까? 아닙니다. **모든** 고난이라고 하였습니다. 모든 것이 충분하신, 이 충분하고도 넘치는 하나님께서는 그들을 **모든** 고난에서 건져내십니다. 구약성경에서 "고난affliction"이라는 단어는 질병이나 아픈 것을 의미하지 않습니다. 히브리어의 실제 뜻은 "시험test" 또는 "시련trial"을 뜻합니다. 당신이 당하는 고난은 시험과 시련입니다.

어떤 사람들은 고난 가운데 머물러 있기를 원하는 것 같습니다. 그들은 "주님께서 나와 함께 하십니다."라고 말합니다. 그러나 주님은 그냥 당신과 함께 하시는 분이 아닙니다. 그분은 바로 당신을 구원하기 위해서 당신과 함께 하시는 분입니다! 그분은 어려움으로부터 당신을 구출해 내려고 거기 계신 것입니다. 의인은 고난이 많으나 주께서 **모든 고난에서** 그를 건지십니다.

약 5:13-14
13 너희 중에 고난 당하는 자가 있느냐 그는 기도할 것이요 즐거워하는 자가 있느냐 그는 찬송할지니라
14 너희 중에 병든 자가 있느냐 그는 교회의 장로들을 청할 것이요…

야고보는 세 가지 다른 것에 대해서 말하고 있습니다.

고난당한 사람이 있습니까? 그가 기도하게 하십시오.

즐거워하는 사람이 있습니까? 그가 찬송하게 하십시오.

아픈 사람이 있습니까? 그가 교회의 장로들을 청하게 하십시오.

하나님께서 그렇게 하시겠다고 약속하셨기 때문에, 말씀처럼 의인은 고난이 많으나 주께서 그 **모든** 고난에서 그를 건지십니다. 전능하신 하나님께서 약속하셨습니다. 충분하고도 넘치는 하나님께서 "내가 그를 건지리라"라고 말씀하셨습니다.

어떤 사람이 변론하는 기도가 가장 좋은 기도라고 말했는데 때로는 나도 그렇게 생각합니다.

아주 오래전 노예제도가 있던 시대에 고난 중에 있던 한 흑인 여자에 관한 이야기가 있습니다. 그녀의 16세 된 딸이 경매장에서 막 팔리려고 하는 순간이었습니다.

그 어머니는 고개를 숙이고 이렇게 기도했습니다. "사랑하는 주 하나님, 만약 당신께서 저처럼 이런 어려움에 처해 계시고, 저에게 당신이 저를 아주 쉽게 도와주실 수 있는 것과 같은 그런 능력이 있다면, 저는 당신을 도와드리겠습니다!"

이 이야기는 역사적인 사실입니다. 한 미국 상원의원이 그 자리에 있었습니다. 그 상원의원의 15세 된 아들도 그와 함께 있었습니다. 소녀를 어머니에게서 빼앗음으로 인해 그들이 눈물을 흘리는 것을 보고, 소년은 아버지에게 달려가서 이렇게 말했습니다. "아빠, 나에게 10달러를 빌려주세요!" 그 상원의원은 아들에게 10달러를 주었습니다. 그 소년은 경매장소로 달려갔습니다.

아무도 값을 부르기 전에 그는 "내가 10달러를 내겠습니다." 라고 말했습니다. (통상적으로는 200달러가 처음 부르는 최소 가격이었지만 모든 사람이 이 소년이 하는 일에 감동을 받아서 아무도 더 높은 값을 부르지 않았습니다.)

그 소년은 그 소녀를 10달러에 샀습니다. 경매증서를 들고 그는 그 소녀에게로 걸어가서 소녀를 어머니에게 돌려주었습니다.

하나님께서는 그 어머니의 기도에 응답하셨습니다. "주님이 저를 쉽게 도와주실 수 있는 것처럼 제가 주님을 도와드릴 수 있다면, 저는 주님을 확실하게 도와드릴 것입니다."라고 그녀는 말했던 것입니다.

나는 이 귀한 흑인 여자의 기도에 대해서 한 번 이상 말했으며, 나도 이 모범을 따라서 기도하고 응답을 받았습니다.

나는 단지 이렇게 말합니다. "주님, 주님께서 내가 지금 처한 어려움에 있고, 주님께서 나를 아주 쉽게 도와줄 수 있는 것처럼 내가 주님을 도와줄 수 있다면 나는 주님을 도와드릴 것입니다." 주님은 나를 도와 주셨습니다. 주님은 응답하십니다! 주의 말씀에 그분은 이렇게 말씀하셨기 때문입니다. "내가 도와주리라. 내가 고난 중에 그와 함께 하리라. 나를 사랑하는 자를 내가 건지리라." 충분하고도 넘치는 이 하나님께서 이렇게 말씀하십니다. "내가 응답하리라. 고난 중에 내가 그와 함께 하리라. 내가 그를 건져내리라."

다섯째, 내가 그를 영화롭게 하리라

하나님께서는 누구를 영화롭게 하실까요?

시 24:3-4
3 여호와의 산에 오를 자가 누구며 그의 거룩한 곳에 설 자가 누구인가
4 곧 손이 깨끗하며 마음이 청결하며 뜻을 허탄한 데에 두지 아니하며 거짓 맹세하지 아니하는 자로다

당신 스스로는 자신의 손을 깨끗하게 할 수 없고 당신 자신의 심령도 정결하게 할 수 없습니다. 그러나 그분의 피로 당신은 깨끗하게 될 수 있고 거룩한 곳에 설 수 있습니다. 왜냐하면 그분이 당신을 깨끗하게 하였고 그분의 의로 옷을 입혀주셨기 때문입니다.

"내가 그를 영화롭게 하리라"와 "내가 그를 높이리라"라는 말씀은 하나님께서 자신을 사랑하는 사람을 위해서 하시겠다고 말씀하신 일곱 가지 중의 두 가지입니다.

나는 이 세상이 내릴 수 있는 가장 큰 영광보다도 하나님께서 영화롭게 해주시는 것을 받겠습니다. 세상은 정치인들, 장군들, 교육자들, 과학자들을 높이고, 혹시 어떤 경우에 목사를 높인다 하더라도 그들은 처녀의 잉태나 하나님의 말씀의 권위를 믿지 않는 현대주의 목사를 높일 것입니다.

전반적으로 세상은 그들이 예수님을 높이지 않았듯이, 정말로 성경을 믿고 방언을 말하며 하나님의 능력으로 병을 고치는 복

음 설교자를 높이지 않을 것입니다. 세상이 당신을 높이도록 하려면 당신은 타협을 하거나 조금 뒤로 물러나서 능력을 내려놓아야 할 것입니다.

예수님께서도 친히 밧모 섬의 요한에게 이렇게 말씀하셨습니다.

“이기는 그에게는 내가 내 보좌에 함께 앉게 하여 주기를 내가 이기고 아버지 보좌에 함께 앉은 것과 같이 하리라”(계 3:21)

어느 날 나폴레옹이 자기 부대를 사열할 때 있었던 일을 역사는 전하고 있습니다. 그때 그가 탄 말이 날뛰기 시작했습니다. 그때 한 이등병이 앞으로 나오더니 말의 재갈을 잡고서 말을 잠잠하게 하였습니다.

나폴레옹은 “대위, 고맙네.”라고 말했습니다. (이렇게 해서 그는 즉시 대위로 진급했습니다.)

그는 물었습니다. “어떤 직분을 맡은 대위입니까, 장군님?”

나폴레옹이 대답했습니다. “나의 개인 경호 대장 자리이지.”

이렇게 해서 이 말단 이등병은 대위 계급장을 달았지만 다른 모든 장교들은 그와 어울리지 않았습니다. 왜냐하면 그들은 자신이 수고해서 계급장을 땄지만 그의 계급장은 그냥 그에게 주어진 것이었기 때문이었습니다.

이를 알고 나폴레옹은 다음번에 전 부대를 사열할 때, 그의 젊은 대위와 함께 말을 나란히 타고 열병하였습니다. 다른 장교들은 그가 나폴레옹이 가장 총애하는 장교라는 것을 깨닫고 그의 호의를 구하기 시작했습니다.

이 세상의 사람들은 모를 수도 있지만, 거듭나고 성령 충만 받고 방언을 말하며 신유를 믿는 우리들이야말로 왕 중의 왕이시며 주 중의 주님이신 그분의 총애를 받는 사람이라는 것을 그들이 깨닫고 우리의 호의를 구하지 않은 것을 후회할 날이 가까이 오고 있습니다.

하나님께서 "내가 그들을 영화롭게 하리라."라고 말씀하셨기 때문입니다.

제 3 장

어떻게 장수할 수 있을까요?

How To Enjoy a Long Life

여섯째, "장수함으로 만족케 하리라."

오, 난 이 말씀이 정말 좋습니다! "오래 살게 될지도 모른다."가 아니고, "내가 오래 살게 해 줄지도 모른다."가 아니고, "아마 그렇게 될 거야."도 아니고, "내가 너를 오래 오래 살게 함으로 너를 만족케 할 것이다!"입니다. 나는 이 말씀을 문자 그대로 믿습니다. 하나님을 찬양합시다!

어떤 사람은 말합니다. "그렇지만 해긴 형제, 나는 한 목사님을 알고 있는데, 그분은 참 대단한 하나님의 사람이었습니다만 마흔 두 살에 돌아가셨는데요."

글쎄요, 그렇다고 나도 그래야 한다는 법은 없습니다! 나는 그 목사님이 무엇을 믿었는지는 알 수 없지만 내가 믿고 있는 것이 무엇인지는 알고 있습니다. 나는 충분하고도 넘치는 하나님께서 "**장수**함으로 만족케 하리라."라고 말씀하신 것을 알고 있습니다.

여기서 말하는 것은 많은 사람들이 생각하듯이 단순히 **영원하기만한** 생명이 아닙니다. 물론 영생으로 인하여 하나님께 감사합니다. 우리는 지금 우리 영에 영생을 소유하고 있습니다.

영생이란 단순히 내가 죽지 않고 영원히 살게 될 것만을 의미하는 것이 아닙니다. 죄인도 역시 결코 죽지 않을 것입니다. 죄인들은 어떤 특정한 곳에 살게 되고 우리는 다른 곳에서 살게 될 것입니다. 우리는 구원받았든지 못 받았든지 영적인 존재입니다.

우리 거듭난 그리스도인들은 하나님의 본성인 그 생명을 우리 안에 가지고 있습니다. 우리는 죽을 때 이 세상을 떠나서 예수님과 함께 있기 위하여 다른 곳으로 가게 될 것입니다.

바울은 빌립보에 있는 교회에 쓴 편지에서 이렇게 말했습니다. "내가 그 둘 사이에 끼었으니 차라리 세상을 떠나서 그리스도와 함께 있는 것이 **훨씬 더 좋은** 일이라"(빌 1:23) 그가 "더 좋은"이라고 말할 수도 있었지만, "**훨씬 더** 좋은"이라고 말한 것에 주목하십시오.

고린도의 그리스도인들에게 편지하면서 바울은 이렇게 말했습니다.

> 고후 4:16
> 그러므로 우리가 낙심하지 아니하노니 우리의 겉사람은 낡아 지나 우리의 속사람은 날로 새로워지도다

고후 5:1
만일 땅에 있는 우리의 장막 집이 무너지면 하나님께서 지으신 집 곧 손으로 지은 것이 아니요 하늘에 있는 영원한 집이 우리에게 있는 줄 아느니라

바울은 "우리가 소망하거니와"나 "우리가 추측하거니와"나 "우리가 짐작하거니와"라고 하지 않고, "우리가 **알거니와**"라고 말하고 있습니다. 우리는 **알고 있습니다.** 나는 이 사실이 좋습니다. 바울은 긍정적인 사람이었습니다. 바울은 나와 같은 설교자였습니다. 같은 장 끝에서 그는 "우리는 안다"라고 다시 말하고 있습니다.

고후 5:6-8
6 그러므로 우리가 항상 담대하여 몸으로 있을 때에는 주와 따로 있는 줄을 아노니
7 이는 우리가 믿음으로 행하고 보는 것으로 행하지 아니함이로라
8 우리가 담대하여 원하는 바는 차라리 몸을 떠나 주와 함께 있는 그것이라

바울이 우리가 알고 있다고 말하는 것이 대체 무엇입니까?

우리가 몸을 집으로 삼은 동안에는 주님과 함께 있지 않습니다. 그래서 8절은 우리는 주님과 함께 있고 싶어 한다고 말합니다. 주님과 함께 있는 곳, 그곳이 우리가 가게 될 곳입니다.

죄인들은 어떻습니까? 주 예수 그리스도께서 누가복음에서 친히 말씀하셨듯이 그들은 영원토록 어딘가에서 살게 될 것입니다.

눅 16:19-28
19 한 부자가 있어 자색 옷과 고운 베옷을 입고 날마다 호화롭
게 즐기더라
20 그런데 나사로라 이름하는 한 거지가 헌데 투성이로 그의
대문 앞에 버려진 채
21 그 부자의 상에서 떨어지는 것으로 배불리려 하매 심지어
개들이 와서 그 헌데를 핥더라
22 이에 그 거지가 죽어 천사들에게 받들려 아브라함의 품에
들어가고 부자도 죽어 장사되매
23 그가 음부에서 고통중에 눈을 들어 멀리 아브라함과 그의
품에 있는 나사로를 보고
24 불러 이르되 아버지 아브라함이여 나를 긍휼히 여기사 나사
로를 보내어 그 손가락 끝에 물을 찍어 내 혀를 서늘하게 하소
서 내가 이 불꽃 가운데서 괴로워하나이다
25 아브라함이 이르되 얘 너는 살았을 때에 좋은 것을 받았고
나사로는 고난을 받았으니 이것을 기억하라 이제 그는 여기서
위로를 받고 너는 괴로움을 받느니라
26 그뿐 아니라 너희와 우리 사이에 큰 구렁텅이가 놓여 있어
여기서 너희에게 건너가고자 하되 갈 수 없고 거기서 우리에게
건너올 수도 없게 하였느니라
27 이르되 그러면 아버지여 구하노니 나사로를 내 아버지의
집에 보내소서
28 내 형제 다섯이 있으니 그들에게 증언하게 하여 그들로 이
고통 받는 곳에 오지 않게 하소서

이 성경 말씀은 많은 사람들이 생각하는 것처럼 비유가 아닙니다.

예수님은 모든 비유에서 "이것은 저것과 **같다**"라고 말씀하셨

습니다. 그러나 이 구절에는 이것은 저것과 같다고 말씀하고 있지 않습니다. 예수님은 단지 이렇게 말씀하셨습니다. “**한** 부자가 있어(19절) … 나사로라 이름하는 **한** 거지가(20절)”

당신은 비유에서는 “한certain;어떤”이라는 단어를 사용하지 않습니다. 왜냐하면 이는 “확실한for sure”이라는 뜻이기 때문입니다.

예수님께서는 어떤 한 부자가 있었다고 말씀하셨습니다. 그는 이 세상을 떠나서 그가 “이 고통 받는 곳”이라고 불렀던 곳으로 내려갔음이 분명합니다.

우리 모두는 영원을 어떤 곳에서든지 보내게 될 것입니다. 거듭난 우리들은 하늘나라로 가서 살게 될 것이지만 죄인들은 지옥으로 가서 살게 될 것입니다. (영생을 시편 91:16의 “**장수**함으로 내가 너를 만족케 하리라”라는 말씀과 혼동하지 마십시오. 이 구절은 영생을 말하는 것이 아니라 이 땅에서 자연적인 수명으로 오래 사는 것을 말하고 있습니다.)

어떤 사람은 “장수는 구약 성경의 축복일 뿐입니다.”라고 말합니다. 아닙니다. 장수는 구약의 축복만이 아닙니다. 그 사람은 정말 잘못 알고 있습니다.

얼마 전에 나는 한 유명한 성경 교사의 책을 읽고 있었습니다. (대단한 성경 교사로 **알려진** 사람들 중에는 스스로 꽤 많이 알고 있다고 생각하고 있지만 실제로는 아는 것이 별로 없는 사람들이 있습니다.)

이 친구는 우리나라의 대표적인 종교 잡지에 실은 글에서 이렇게 주장했습니다. “육체적으로 장수하는 삶은 새 언약의 축복이 아닙니다. 이런 것은 옛 언약의 축복일 뿐입니다.”

나는 속으로 이렇게 생각했습니다. ‘그렇다면 우리도 옛 언약에 머물러 있었으면 더 좋을 뻔하지 않았을까?’ 그러나, 그렇지 않습니다. 오래 사는 것은 새 언약의 축복이기도 합니다. 나는 그 잡지를 찢어버렸습니다. 나는 아무도 이런 글을 읽지 않기를 원했습니다.

하나님을 송축합니다. 바로 이 분야에서 마귀가 나를 거의 죽일 뻔했기 때문에 나는 하나님께서 충분하고도 넘치는 분임을 알고 있습니다.

나는 1917년 8월 20일 텍사스 주의 맥킨니에서 기형 심장을 가지고 조산아로 태어났습니다. 나는 다른 어린 아이들처럼 뛰어 놀거나 달려본 적이 없었습니다. 나는 웃어본 적도 없었습니다. 웃을 만한 일이 없었습니다. 나는 병들어 있었습니다. 나는 달리거나 높이 뛸 수 없었습니다.

열다섯 살이 되었을 때 나는 완전히 침대에 눕게 되었으며, 의사들은 내가 죽게 될 것이라고 말했습니다. 나는 병들고 아픈 상태에서 열여섯 달이라는 긴 세월을 침대에 누워서 보냈습니다. 나의 몸은 거의 마비되었고, 나의 얼굴은 창백하여 노랗게 되었습니다.

다섯 사람의 의사 중에 한 사람이 말하기를 전신 마비와 심장의 상태와는 관계없이 이 혈액병만으로도 치명적이라고 했습니다. 그는 내게 죽을 준비를 하라고 조언했습니다.

구원받았다는 사실에 있어서는 떠날 준비가 되어 있었지만,

아직 나는 영원으로 떠날 준비는 되어 있지 않았습니다. 나는 여기 좀 더 머물고 싶었습니다. 살고 싶은 욕망이 그 젊은 심령에 강하게 자리 잡고 있었습니다.

내 영이 내게 하는 말을 따라 나는 성경을 읽게 되었습니다. 우리가 우리의 영을 따르는 법을 배우기만 한다면 얼마나 유익이 많을까요!

나의 속사람인 나의 영은 내가 죽을 필요가 없으며 내게 소망이 있다고 말했습니다. 나는 그 소망을 성경에서 발견하였습니다.

열일곱 번째 생일을 꼭 엿새 남겨두고 있던 때 나는 나를 위해서 믿음의 기도를 드리고 병들어 누워있던 침대에서 걸어 나왔습니다.

나는 마가복음 11:23-24의 말씀대로 행동하였고, 마비 증상은 뜨거운 팔월의 태양 아래 있는 눈덩이처럼 사라져 버렸습니다. 혈액병도 나았습니다. 심장도 튼튼해 졌습니다. 하나님을 송축합니다. 나는 치유 받았습니다! 이는 1934년 8월 두 번째 화요일 날에, 텍사스 주 맥킨니 시 이스트그린빌 903번지의 앞쪽 침실에서 일어난 일입니다.

나는 일어나서 방을 걸어보았지만 가족에게는 알리지 않았습니다. 가족들은 내가 성경을 읽고 정신마저 이상해졌다고 생각했습니다. 그들은 내가 성경을 너무 오랫동안 읽지 못하게 하려고 했었습니다. 그들은 내게 이렇게 말했습니다. "오늘날은 주님이 병을 고치지 않으셔. 그런 것은 다 끝났단다."

그러나 나는 주님이 고치신다는 것을 발견하였습니다. 나는 그가 치유하신다는 것을 믿고 치유를 받았습니다.

나는 다음날도 가족들이 알아채기 전에 침대에서 나와 방 안을 걸어 보았습니다. 둘째 날 나는 어머니께 이렇게 말했습니다. "엄마, 내 옷을 내어 주세요. 내일 아침에는 일어나 아침 식사 테이블에 가서 아침을 먹을 거예요."

어머니께서 말씀하셨습니다. "아들아, 넌 네가 지금 무슨 짓을 하려고 하는지 알고 있니?"

나는 대답했습니다. "네, 저는 제가 하는 일을 알아요. 저는 치유 받았어요. 저는 건강해요."

한참 설득한 후에야 나는 어머니가 옷을 꺼내 놓도록 할 수 있었습니다.

치유 받은 지 사흘 째 되던 날인 다음날 아침, 나는 일어나서 옷을 잘 차려 입고 내 방 의자에 앉아서 아침 식사 시간이 되기를 기다렸습니다.

나는 깨어진 가정에서 자랐습니다. 어머니와 나는 외가에서 함께 살았습니다. 외할아버지께서는 매일 아침 일찍 일어나셔서 아침 식사 시간이 될 때까지 집 현관에 걸려 있는 흔들의자에 앉아 계셨습니다. 때는 1934년이었습니다.

할아버지께서 식당으로 가려고 흔들의자에서 일어날 때 삐걱거리는 소리가 나는 것을 들으면 우리는 그때가 아침 7시 30분임을 알았습니다. 그 소리에 시계를 맞출 수 있을 정도였습니다. 7시 30분이 정확했습니다. 할아버지는 시간표대로 사시는 분이었습니다.

나는 할아버지께서 식당에 가실 때까지 나의 침실에서 앉아 있었습니다. 실제로 나는 온 가족이 식탁에 둘러앉아 있을 때까지 기다리고 있었습니다. 그때 나는 내 방에서 걸어 나와서 침실을 지나 식당으로 가서 식탁의 내 자리에 의자를 빼고 앉았습니다.

할아버지께서 나를 쳐다보시더니 이렇게 말씀하셨습니다. "나사로가 살아난 것이냐? 죽은 자가 살아난 것이냐?" 나는 대답했습니다. "네, 주님께서 저를 일으키셨어요." 할아버지께서 말씀하셨습니다. "자, 그러면 네가 축복 기도를 하렴." 그래서 나는 음식을 축복하는 기도를 했습니다. 그러자 할아버지는 할머니께 이렇게 말씀하셨습니다. "접시를 하나 준비하구려." (왜냐하면 내 앞에는 접시가 놓여 있지 않았기 때문이었습니다.)

우리는 아무 말 없이 식사를 했습니다. 할아버지와 식사를 할 때는 말을 해서는 안 됩니다. 특히 어린 아이들이나 젊은이들은 더 조심해야 합니다. 할아버지께서는 매우 감정이 없으신 분이었습니다. 할아버지는 말이 별로 없는 분이었습니다.

할아버지는 약 구십 세를 사셨습니다. 할아버지께서 아직도 살아계셨더라면 내가 당신을 할아버지의 집으로 데리고 가서 "할아버지, 아무개 형제를 데리고 왔어요."라고 소개하면 할아버지는 "안녕하십니까?"라고 말하고 악수를 한 뒤에는 하루 종일 거기 앉아 있어도 말 한 마디도 더 하지 않을 그런 분이었습니다.

당신이 떠날 때가 되어서 "만나 뵈어서 반가웠습니다."라고 말하면 그것이 끝이 될 것입니다. 할아버지는 그런 분이셨습니다.

당신이 손님으로 할아버지 집을 방문했는데 함께 온 아이들이 식탁에서 말을 한다면 오래가지 못할 것입니다. 왜냐하면 할아버지는 곧 식사를 멈추고 수저를 놓은 채 아이들이 조용히 할 때까지 당신을 쳐다보실 것이기 때문입니다. 이런 상황은 참 당황스럽겠지요?

할아버지와 함께 식사를 할 때는 어른들도 말을 많이 할 수 없습니다. 할아버지와 할머니께서는 서로 몇 마디를 주고받으셨지만 식사 중에는 다른 말을 절대 해서는 안 됩니다. 식사 시간에 말을 많이 하지 않는다면 얼마나 시간이 짧아지는지 놀랍습니다!

나는 베이컨 몇 조각과 계란 두 개, 몇 개의 비스킷과 우유 한 잔을 먹었습니다. 아무도 한 마디 말도 없었습니다. **아침 식사를 다 마칠 때까지 아무도 말하지 않았습니다.** 한 마디 말도 없었습니다.

나는 식사를 마친 후 일어나서 침실로 들어갔습니다. 시계를 보니 8시 10분 전이었습니다. 나는 옷을 다 입고 있었기 때문에 이렇게 혼잣말을 했습니다. '침대에 좀 누워있어야겠다. 8시쯤에는 엄마가 침대를 정리하러 오실 거야. 엄마가 오시면 현관에 나가서 할아버지와 함께 10시까지 흔들의자에 앉아 있다가, 10시가 되면 법원 광장까지 걸어가야겠다.'

내가 침대에서 지내고 있었을 때 할아버지 할머니께서는 얼마든지 내가 원하는 만큼 잠을 잘 수 있도록 하셨습니다. 나는 늦게까지 잠을 자는 버릇이 들어 있었기 때문에 금방 졸았습니다.

그 정도의 운동에도 나의 약한 몸은 피곤했습니다. 나는 40킬로그램 정도밖에 되지 않았습니다.

갑자기 나는 잠이 깨었습니다. 완전히 깼습니다! 처음에는 어머니께서 방에 들어오신 줄 알았습니다. 주위를 둘러보았지만 아무도 없었습니다. 나는 시계를 다시 보았습니다. (나는 무슨 일이 있으면 꼭 시계를 보는 사람입니다. 1934년 8월 둘째 주 목요일 텍사스 주 맥킨니 시 이스트그린빌 903번지에서 있었던 일입니다.)

나는 내 방에 누군가 있는 것을 알았지만 아무도 볼 수는 없었습니다. 그때 나는 한 음성을 들었습니다. 내게는 귀로 들을 수 있는 음성이었습니다.

엄숙하고 울리는 음조로 그 음성은 이렇게 말했습니다. "네 인생이 무엇이냐? 잠시 동안 나타났다가 곧 사라져 버리는 거품과 같으니라." 그리고 잠시 멈춘 후에 그 음성은 계속되었습니다. "오늘 너는 반드시 죽을 것이다." 그러고 나서 그 음성은 그쳤습니다.

초자연적인 현상이었냐고요? 물론입니다.

하나님이냐고요? 아닙니다.

모든 초자연적인 나타남이 전부 하나님으로부터 말미암은 것은 아닙니다. 당신은 이것을 알고 있어야 합니다. 모르게 되면 조만간 당신은 슬픈 일을 당하게 될 것입니다.

그러나 나는 그 음성이 하나님이 아니라는 것을 모르고 있었습니다. 여러 가지 생각들이 자동 소총의 총알보다도 더 빨리 내 머리를 스치고 지나갔습니다.

두 구절 모두 전체 또는 적어도 부분적으로는 성경 말씀이라는 것을 나는 알았습니다. 첫 번째 말씀은 야고보가 한 말이었으며(약 4:4), 하나님의 예언자 이사야는 히스기야 왕에게 그가 죽게 될 것이라고 말했습니다(왕하 20:1).

마귀도 성경 구절을 인용할 수 있습니다.

내가 신유를 발견하기 전에 처음으로 침대에 누워있게 되었을 때, 나는 "사랑하는 주님, 제가 죽을 때가 되면 미리 알 수 있도록 해 주셔서 사람들에게 작별 인사를 할 시간을 갖도록 해 주세요."라고 기도를 하곤 했습니다.

나는 그 음성을 다시 들었습니다. 마귀는 내게 말했습니다. 나는 그때 그가 마귀인 줄을 몰랐습니다. "이제, 치유되었다. 너는 병 고침 받았다. 네 가족은 네가 나은 것을 알고 있다. 너는 일어나 걸었다. 너의 마비는 사라졌다. 너는 아침 식탁에 앉아서 가족들과 식사를 했다."

그러고 나서 마귀는 성경 구절을 조금 더 잘못 인용하기로 작정했습니다. 마귀는 이렇게 말했습니다. "사람이 죽는 것은 정해져 있고 죽은 후에는 심판이 있다. **네게 정해진** 죽을 시간이 온 것이다. 하나님께서는 네게 죽음을 준비하라고 말하려고 초자연적인 방법으로 역사하신 것이다. 너는 오늘 죽게 될 것이다."

나는 거의 속을 뻔했는데, 이 말에 속았더라면, 나는 그날 죽었을 것입니다.

나는 그것을 하나님께서 바로 그 방에 서서 내게 말씀하시는 것으로 생각했습니다!

나는 침대에서 일어나서 뒤꿈치를 들고 방을 가로 질러 갔습니다. 나는 아침 8시 10분 전부터 오후 2시 30분까지 창가에 있는 의자에 앉아서 죽을 때를 기다렸습니다. 위장에 무엇이 있는 것 같이 거북했습니다. 죽는 것을 무서워해서가 아니라 내 육체가 죽음을 거부하는 것이었습니다. **하나님께서는 우리를 죽으라고 만드시지 않았습니다.**

어머니께서 들어오셔서 "아들아, 어디 아프니?"라고 물었습니다.

"아니, 안 아파요." 내가 대답했습니다. (나는 작별 인사를 될 수 있는 한 미루려고 했습니다.)

"무슨 일이 있니?"라고 물으셨습니다.

"아무 일도 없어요."

"얘야, 내가 보니 네게 무슨 문제가 있는 것이 느껴진다."

"아무 문제도 없다니까요."

"기분이 좋지 않니?"

"좋아요."

점심시간이 되었습니다. 어머니께서 부르셨습니다. "점심이 준비되었다. 와서 식사해라."

"엄마, 나는 배가 고프지 않아요. 식사를 안 하겠어요." (집에서 준비하는 음식의 냄새가 내 배를 자극했습니다.)

마침내 어머니는 내 방으로 식사를 담아 오셔서 "여기 음식을 좀 가져왔단다."라고 말씀하셨습니다. 어머니는 밥상을 내 옆의 탁자에 놓고 점심을 드시러 가셨습니다. 나는 어머니를 불렸습니다. “엄마, 이것 가져가세요. 음식 냄새가 나니까 배가 아파요.”

“어디가 잘못 된 거니?”라고 어머니가 물었습니다.

나는 어머니께 말하지 않았습니다.

성령님으로 인해 하나님께 감사드립니다! 물론 나는 그때 성령 충만을 받지 못했었지만 성령으로 거듭났었습니다. 성령으로 거듭난 것과 성령 충만을 받은 것은 두 개의 서로 다른 경험입니다.

이렇게 나는 아침 8시 10분부터 오후 2시 30분까지 의자도 움직이지 않고 앉아서 죽기를 기다렸습니다. 그러던 2시와 2시 30분 사이 어느 시각, 내 속에서 “장수함으로 내가 너를 만족하게 하리라.”라는 말씀을 들었습니다.

이 말들은 내 안의 깊은 곳, 즉 나의 영으로부터 내 혼의 의식으로 그냥 떠올랐습니다. 나는 그 말씀을 생각했습니다.

그러자 마찬가지로 너무나 초자연적으로 보이는 다른 음성이 밖으로부터 나기를, “맞다, 하나님께서 오늘이 네가 죽도록 정해진 날이라는 것을 너에게 알려 주려고 초자연적으로 일하셨다. 네가 죽도록 정해진 시간이 되었다.”

나는 귀에 들리는 것 같은 그 음성에 귀를 기울이면서, 내 안의 다른 음성은 놓쳤습니다.

그런데 십분 후에, 아까 그 음성이 마치 연이나 종잇조각이 바람에 날려 떠오르듯이 내 안에서부터 내 혼으로 떠올랐습니다. “장수함으로 내가 너를 만족하게 하리라.”

나는 이 말에 대해 생각했습니다. 나는 이 말이 성경 말씀인지, 아니면 소크라테스나 플라톤이나 셰익스피어나 그 누구의 말인지 몰랐습니다.

다른 음성이 위에서 또 다시 말했습니다. 그 소리는 하늘에서 나오는 소리 같이 들렸습니다. 그 소리는 이렇게 말했습니다. "네가 보다시피 하나님께서는 이렇게 초자연적으로 역사하신단다. 너는 초자연적인 경험을 했다. 너는 오늘 죽게 될 것이다." 나는 다시 죽는 것을 생각하느라고 다른 생각을 할 겨를이 없었습니다. 나는 처음에는 그 소리가 어디서 오는 소리인지 몰랐습니다. 그때는 내가 지금 알고 있는 것만큼 알지 못했습니다. (사실대로 말하자면, 그 당시 나는 아무 것도 아는 것이 없었습니다.)

세 번째로 그 성경 말씀이 내 속 깊은 곳에서부터 내 혼의 의식으로 떠올랐습니다. "장수함으로 내가 너를 만족하게 하리라."

나는 그분의 영으로 거듭났고 그분이 내 영에 계시기 때문에, 하나님께서 그 말씀을 내게 주셨습니다. 이번에는 더 강했으며 나도 좀 더 말씀을 붙잡고 있었습니다. 그러나 나는 또 초자연적으로 나타난 다른 말을 생각했습니다. 나는 듣고 보고 느낄 수 있는 영역의 말씀을 가지고 있었습니다. 그래서 나는 이 말씀이야말로 바로 하나님임에 틀림없다고 결정했습니다. (여러분, 항상 그런 것은 아닙니다. 항상 그렇지는 않습니다!)

그래서 그때도 또 말씀을 놓쳤습니다. 그러자 갑자기 그 말씀이 더 강하게 되돌아 왔습니다. 나는 그 말씀이 내 안에서 나왔다는 것을 깨달았지만 그것이 너무나 강력했기 때문에 나는 누군가 내 의자 뒤로 슬쩍 와서 내게 큰 소리로 말을 한 것 같았습니다. "장수함으로 내가 너를 만족하게 하리라."

생각도 하지 않고 나는 바로 큰 소리로 말했습니다. "누가 그런 말을 했지요? 누가 그런 말을 했지요?"

내 속의 음성이 번개처럼 빠르게 "시편 91편"이라고 말했습니다. 나는 이 시편을 몰랐습니다. 나는 환자로 있으면서 구원받은 이래 신약 성경만 읽었을 뿐이었습니다.

내 성경은 의자 밑의 바닥에 있었습니다. 나는 종일 성경을 읽지 않았습니다. (성령님은 항상 말씀과 일치하게 인도하십니다.) 나는 의자 밑으로 손을 뻗어 성경을 집어 들고 시편 91편을 폈습니다. 나는 그 시편을 전부 다 읽어가며 끝부분에 도달했습니다.

> 시 91:14-16
> 14 하나님이 이르시되 그가 나를 사랑한즉 내가 그를 건지리라
> 그가 내 이름을 안즉 내가 그를 높이리라
> 15 그가 내게 간구하리니 내가 그에게 응답하리라 그들이 환난
> 당할 때에 내가 그와 함께 하여 그를 건지고 영화롭게 하리라
> 16 내가 그를 장수하게 함으로 그를 만족하게 하며 나의 구원
> 을 그에게 보이리라 하시도다

이 말씀을 읽는 순간 나는 들뜨고 흥분했습니다!

그러나 이 노련한 마귀는 쉽게 포기하지 않았습니다. 마귀는 바로 그 자리에서 같은 음성으로 내 혼에 대고 이렇게 말했습니다. "이 말은 교회에 한 말이 아니다. 이 말은 구약성경에 있지 않니. 이 말은 유대인들에게만 해당되는 말이다."

당신도 이런 말을 들어본 적이 있지요? 이 말은 마귀가 항상 사용하는 말입니다. "오늘 우리에게 하는 말은 아니다." 또 마귀는 이렇게도 말합니다. "그 말은 유대인들에게만 해당되는 말이다. 그것은 다 끝났다."

나는 아는 것이 없었기 때문에 마귀에게 그 순간의 열망과 기쁨을 다 빼앗겨 버렸습니다. 나는 이렇게 생각했습니다. '이 말씀은 구약성경에 있다. 그러므로 유대인들만을 위한 말일지도 몰라. 구약성경은 유대인들을 위해 기록한 책이니까. 그 말씀은 나를 위해 기록된 것이 아니잖아.'

그때 또 다른 생각이 들었습니다. '잠깐! 잠깐만. 하나님을 찬양합니다. 참고 구절을 찾아 봐야겠다. 장수에 관한 주제를 신약에서 한 구절이라도 찾을 수 있다면 나는 이 말씀이 옛 언약은 물론 새 언약에도 포함된다는 것을 알게 될 것이다.'

나는 시편 91편에서 시작해서 장수에 관계된 성경 구절을 여러 개 찾아보았습니다. 나는 하나님께서 우리에게 70세에서 80세를 약속하셨다는 것을 발견했습니다. 나는 잠언 말씀들을 찾아보았습니다. 나는 그곳에서 많은 답을 찾았습니다. 나는 잠언에서 하나님께서 우리가 어떤 일을 함으로 더 오래 살기도 하고 일찍 죽게 되기도 한다고 하신 말씀을 보았습니다.

예를 들면, 나는 악인의 날은 짧아진다는 것을 보았습니다.

어떤 이들은 이렇게 주장합니다. "내가 아는 사람은 오래 살았지만 악한 사람이었습니다." 그가 악하지 않았더라면 그는 **더 오래** 살 수도 있었을 것입니다. 뿐만 아니라 반쯤 죽은 상태로

사는 것이 아니라 **제대로** 살았을 것입니다.

나는 사람이 스스로 자신의 날들을 늘리고 줄이는 데 영향을 끼칠 수 있다는 것과 사람들이 "한번 죽는 것은 사람에게 정해진 것이요 그 후에는 심판이 있으리니"라는 히브리서 9:27 말씀을 잘못 해석하고 있다는 것을 알았습니다.

이 구절은 당신이 죽게 되어 있는 정해진 날짜가 있어서 그 정해진 때에 죽게 된다는 말이 아닙니다. 만일 하나님께서 당신이 죽을 날을 정해 놓으셨다면, 왜 당신이 어떤 일을 하면 생명이 연장되거나 줄어들게 할 수 있다고 말씀하시겠습니까?

당신이 바꿀 수 없는 정해진 때가 있는 것이 아닙니다. 그런 것은 절대로 없습니다! (하나님께 귀를 기울였다면 지금도 살아 있었을만한 사람들이 많습니다.)

물론 우리의 죽음은 정해져 있습니다. (다만 예수님께서 오시면 그들은 들려 올라가기 때문에 어떤 사람은 죽을 수 없을 수도 있습니다!)

관련된 성경 구절을 찾아보면서 나는 신약성경을 살펴보았습니다. 나는 하나님의 영이 사도 바울에게 영감을 주셔서 에베소서 6장에서 이렇게 말하는 것을 발견하였습니다.

엡 6:1-3
1 자녀들아 주 안에서 너희 부모에게 순종하라 이것이 옳으니라
2 네 아버지와 어머니를 공경하라 이것은 약속이 있는 첫 계명이니
3 이로써 네가 잘되고 땅에서 장수하리라

나는 몇 년 전에 순복음 교단에서 발간하는 정기 간행물에서 내가 그의 설교와 가르침을 늘 즐기던 유명한 성경 교사가 이렇게 말한 것을 읽은 적이 있었습니다. "이 땅 위에서 오래 사는 것은 신약에 약속된 복이 아닙니다. 이 복은 교회에 속한 것이 아닙니다."

(우리들 모두 중심은 바르지만 생각은 틀릴 수 있습니다. 어떤 교사나 선지자나 설교자든지 사람이 하는 말은 모든 것을 그대로 따라서는 안 됩니다. 사람의 가르침은 반드시 말씀의 빛에 비추어 점검해야 합니다.)

나는 그 교사의 가르침을 읽었을 때 이렇게 생각했습니다. '이 사람은 에베소서가 신약성경에 있다는 것을 모르는가?'

바울은 거기에서 "약속이 있는 첫 번째 계명"에 대해 말했습니다. "네가 잘 되고 땅에서 장수하리라"(3절)

나는 베드로가 시편 34:12을 인용하는 곳도 찾았습니다.

> 벧전 3:10
> 그러므로 생명을 사랑하고 좋은 날 보기를 원하는 자는 혀를 금하여 악한 말을 그치며 그 입술로 거짓을 말하지 말고

나는 이 두 구절의 증거를 찾아내고 한 손에 성경을 들고 의자에서 펄쩍 뛰어 일어나서 주먹을 휘두르며 내 방에서 마귀를 발로 차서 몰아냈습니다.

나는 이렇게 말했습니다. "마귀야, 여기서 당장 떠나가라! 마치 하늘에서 오는 소리처럼 귀에 들리는 음성으로 초자연적으로

말한 자가 바로 너였구나. 나는 오늘 죽지 않을 것이다! 나는 내일도 죽지 않을 것이다! 성경에 그렇게 되어 있지 않다. 그것은 성경 말씀이 아니다."

나는 큰 소리로 이렇게 외쳤습니다. "나는 다음 주에도 죽지 않을 것이다! 나는 내년에도 죽지 않을 것이다! 나는 5년 후에도 죽지 않을 것이다! 나는 10년 후에도 죽지 않을 것이다! 나는 20년 후에도 죽지 않을 것이다! 나는 30년 후에도 죽지 않을 것이다! 나는 40년 후에도 죽지 않을 것이다! 나는 50년 후에도 죽지 않을 것이다! 나는 60년 후에도 죽지 않을 것이다!"

그때 내 나이는 열일곱 번째 생일을 맞이하기 엿새 전이었습니다. 17세에다 60년을 더하면 70세가 넘습니다. 성경은 70~80세를 약속하고 있습니다. 70~80세 보다 적은 나이로 만족하지 마십시오. **당신이 믿을 수 있는 만큼 살도록 하십시오!**

당신은 당신이 원하는 만큼 살 것이지만, 나는 이 땅 위에서 **오래** 살 것입니다. 할렐루야!

오십 년이 넘는 세월이 오고 갔으나 나는 하나님이 주신 건강을 누려왔습니다. 나는 지난 50여 년 동안 감기 한번 걸리지 않았다고 사람들에게 말합니다. 나는 감기 걸리는 것을 믿지 않습니다. 나는 하늘에서 오는 것만 받아들이는데, 감기는 하늘에서 오는 것이 아닙니다.

하늘에서 온 독감이라는 말을 들어본 적이 있나요? 그런 것은 없습니다. 감기는 항상 아시아 독감, 홍콩 독감이라고 불립니다. 감기는 마귀와 거짓 종교가 지배적인 지역으로부터 옵니다.

성령 충만 받은 훌륭한 그리스도인들도 라디오나 텔레비전이나 신문을 통해 유행성 독감이 퍼지고 있다는 소식을 들으면, "내가 제일 먼저 걸리게 될 거야."라고 말합니다. 물론 그들은 제일 먼저 독감에 걸립니다. 마귀가 그들이 말하는 것을 들었습니다.

1957년 10월 아시아 독감이 캘리포니아 남부를 휩쓸고 있을 때 나는 한 순복음 교회에서 설교를 하고 있었습니다. 「로스앤젤레스 타임즈」를 보니 캘리포니아 남부에서만 200만 명이 아시아 독감에 걸렸다고 전면기사로 쓰여 있었습니다. 집회 참석 인원은 밤에는 40명까지 줄어들었습니다.

그 순복음 교회의 목사님께서 (생각해 보십시오. "순복음full gospel"은 온전한 복음이란 말입니다.) 이렇게 말했습니다. "해긴 형제, 형제는 아시아 독감이 겁나지 않습니까?"

내가 대답했습니다. "겁나지 않습니다! 나는 결코 아시아 독감에 걸리지 않을 것이라고 담대히 말할 수 있습니다."

그러자 그 순복음 교회 목사님은 시럽 통에 시럽이 흘러넘치듯이 불신앙이 흘러넘치는 얼굴로 마귀에 대한 **대단한** 존경심과 경외감을 가지고 이렇게 속삭였습니다. "해긴 형제님, 나는 그런 말을 그렇게 겁 없이 하지 않겠습니다!"

내가 물었습니다. "왜 그렇지요?"

그가 대답했습니다. "왜라니요, 마귀가 형제의 말을 듣고 있다는 것을 모릅니까?"

그는 하나님께서 전능하신 분이라는 것을 몰랐습니다. 그는 하나님이 충분하고도 넘치는 분이심을 몰랐습니다. 그는 마귀가 충분하고도 넘치는 자이기 때문에 독감에 걸리게 한다고 생각했습니다. 그는 마귀가 거기 있다는 것을 알기 때문에 내게 속삭였습니다. 물론 마귀가 거기 있었습니다. 마귀는 수년간 늘 그 목사 옆에 붙어 있으면서 그를 못살게 굴어왔습니다. 그 목사는 마귀가 있는데서 "형제는 마귀가 듣고 있다는 것을 모릅니까?"라고 속삭이고 있었습니다.

나는 이렇게 말했습니다. "물론 압니다. 나는 마귀가 내 말을 듣기 원합니다. 나는 마귀에게 들으라고 말한 것입니다. 나는 바로 마귀가 이 말을 듣기 원합니다!"

내가 친절하지 않은 사람이라고 나무라지 마십시오. 나는 진리를 말하고 있을 뿐입니다. 이런 목사님이 하는 말을 들으러 가는 것보다는 집에서 노는 것이 더 낫습니다. 인생은 너무나 짧습니다. 이 세대는 끝나가고 주님은 곧 오십니다. 종교 놀이를 할 시간은 없습니다. 성경이 진리이거나 아니거나 둘 중에 하나입니다. 성경이 진리라면 이 진리를 소유합시다. 진리가 아니라면 폐기해버리고 잊어버립시다. 그러나 나는 성경의 진리가 역사한다는 것을 50년이 넘도록 증명했습니다. 말씀은 역사합니다!

제 4 장

구원받을 수 없었던 사람
The Man Who Couldn't Be Saved

일곱째, "내가 나의 구원을 그에게 보이리라."

구원은 우리의 것입니다.

영국의 복음 전도자인 집시 스미스Gipsy Smith는 런던에서 집회를 인도하는 중에 강단에 나왔던 한 사람에 대해서 이야기하곤 했습니다. 다른 사람들이 괴로워하고 있는 그를 도와줄 수 없음을 보고 집시는 그에게 다가갔습니다.

그는 "난 구원받을 수 없습니다."라고 말했습니다.

"아닙니다. 당신은 구원받을 수 있습니다."라고 집시가 말했습니다. 그는 성경에서 간음하다 잡혔던 여자에 관한 이야기를 했습니다. 그의 죄가 아무리 끔찍한 것이라 할지라도 하나님께서는 그를 구원하실 것이라고 말했습니다.

그 남자는 이렇게 말했습니다. "스미스 형제님, 형제님은 모릅니다. 나는 어떤 회사의 회계부서에서 일하고 있습니다. 나는 수년 동안 10,000파운드를 훔쳐내고 덮어두었습니다. 이제 내가 구원받는다면 나는 이 문제를 해결해야만 합니다. 나의 상사는 엄격한 사람입니다. 그는 나를 감옥에 집어넣을 것입니다!"

집시 스미스는 그에게 이렇게 말했습니다. "구원받지 못하고 지옥에 가는 것보다는 구원받고 남은 생애를 감옥에서 보내고 죽어서 천국에 가는 것이 더 나을 것입니다."

"그것은 내가 치르기에는 너무나 큰 값입니다." 그는 이 말을 남기고 자리를 떠났습니다.

다음날 아침 집시는 호텔 로비의 계단을 오르다가 로비 창문을 통해서 모자를 벗고 겉옷도 없이 거리를 달려가는 한 사람을 보았습니다. 이 남자는 거리를 가로질러 호텔의 회전문을 통과하더니 호텔 로비를 휘둘러 본 후 계단으로 달려 올라와서 집시를 껴안았습니다.

그는 소리쳤습니다. "오, 스미스 형제, 형제님이 말한 그대로였습니다! 그대로에요! 하늘이 고칠 수 없는 슬픔이란 이 땅에는 없습니다!"

그 사람은 집시에게 자신의 이야기를 했습니다. "어젯밤, 집으로 돌아가서 저는 한 잠도 잘 수 없었습니다. 침대에서 이리저리 뒤척이면서 그 문제를 가지고 씨름을 했습니다. 마침내 저는 오늘 아침 이 문제를 바로잡기로 결단했습니다."

그는 계속해서 말했습니다. "오늘 아침에 사장실에 들어갈 용기가 없어서 그 앞에서 10분간 서 있었습니다. 저는 사장실 문을 열려고 하다가 못 열고 뒤로 물러섰습니다. 저는 사장님이 안에 계신 것도 알았고 그분이 엄한 사람이라는 것도 알고 있었습니다. 마침내 저는 스스로 이렇게 말했습니다! '너는 이 일을 해야만 해!' 문을 열고 사무실 안으로 들어가서는 아무 말도 하지 못했습니다. 사장님은 '이봐, 말해 보게. 난 시간이 없네. 무슨 일인가?' 라고 말씀하셨습니다.

저는 그의 책상으로 한 발자국 다가가서 말했습니다. '저는 어젯밤 집시 스미스의 집회에 참석했습니다.' 사장님이 말했습니다. '자네 구원받았나? 그의 집회에 참석하는 사람은 다 구원을 받지.'

저는 말했습니다. '아닙니다. 저는 구원받지 못했습니다. 사실 그것 때문에 사장님을 찾아 뵌 것입니다.'

사장님은 이렇게 말했습니다. '나를 만나러 와도 아무 소용이 없네. 나는 늙은 죄인일 뿐이라네. 나는 그런 것에 대해선 아는 것이 없네. 내게 찾아 와도 아무 소용이 없어.'

제가 말했습니다. '그렇지만 사장님은 모르고 계시는군요. 저는 이 회사에서 10,000파운드를 훔쳤습니다. 저는 이것을 바로잡아야만 합니다. 저는 지난 수년 동안 이것을 숨겨왔습니다. 경마 놀음에 그 돈을 모두 날려버렸기 때문에 다시 갚을 수도 없습니다.' 저는 울기 시작했습니다. 그리고 저는 말했습니다. '저는 천국에 가고 싶은데 그것이 저와 하나님 사이를 가로막고 있습니다.'

사장님은 피우던 시가 담뱃재를 털더니 이렇게 말했습니다. '이 사람아, 내가 한 가지는 말해주지. 자네를 감옥으로 보낼 걸세. 자네는 내가 지금까지 가장 믿었던 사원이었어. 바로 지난주에 이사회가 있었는데, 이사들은 자네를 내 개인 비서 바로 옆자리 책상으로 진급시켜주기로 결정했지. 그렇지만 이제 나는 자네를 감옥으로 보낼 작정이네.'

저는 사장님께 말했습니다. '그런 것은 괜찮습니다. 하나님께 감사드립니다. 이제 저의 짐은 없어졌고 저는 행복합니다. 저는 저의 남은 날 동안 감방에서 기쁘게 소리 지르며 보낼 것입니다.'"

그 경리 직원은 집시에게 그 사장이 그를 쳐다보더니 다시 담뱃재를 턴 후 이렇게 말했다고 했습니다. "다시 생각해보니, 자네를 진급시켜야겠어. 자네가 수년 동안 이자와 함께 10,000파운드를 갚을 수 있도록 더 많은 봉급을 주겠네." 그러고 나서 그는 "오늘 하루 휴가를 갖게. 자네는 하나님을 만났구먼!"이라고 말했습니다.

그 경리 직원은 겉옷을 입고 모자를 쓰는 것도 잊어버린 채 사무실에서 뛰쳐나와 집시 스미스가 머무는 호텔로 달려왔습니다. 그는 자신의 이야기를 하면서 자리에서 펄쩍펄쩍 뛰며 소리쳤습니다. 집시는 "우리 두 사람 모두 소리치기 시작했지요."라고 말했습니다.

이처럼 하나님은 그에게 구원을 보여주셨습니다. 이런 구원은 모든 죄인, 즉 **충분하고도 넘치는 엘 샤다이 하나님**과의 교제가 끊어진 모든 사람을 위한 것입니다.

역자에 관하여

김진호 목사는 충북 제천 출신으로 육군사관학교(31기)를 졸업한 후 미국에 유학, 위스컨신 주립대학 경영대학원(경영정보석사) 및 필립스 신학대학원(M. Div.)을 졸업했다. 1989년 10월 가락동에서 예닮교회를 개척, 섬기던 중 2000년 5월 레마 성경 훈련소에서 1년간 수학한 후, 현재 예수선교사관학교장, 크라이스트 앰버시 서울/용인교회를 담임하고 있다. 저서로는 「왕과 제사장」 「새로운 피조물의 실재」 「나의 사랑 나의 교회」 「나의 사랑 우리 교회」 번역서로는 「믿는 자의 권세」 「승리하는 교회」 「믿음의 계단」 「성령의 삶 능력의 삶」, 소책자 「새로운 탄생」 외 여러 가지가 있다.

믿음의 말씀사 출판물

■ 방언 | 신국판 384p / 값 12,000원
■ 재정적인 번영에 대한 성경적 열쇠들 | 국판 240p / 값 9,000원
■ 금식에 관한 상식 | 국판 64p / 값 2,500원
■ 가족을 섬기는 법 | 국판 72p / 값 3,000원
■ 여성에 관한 질문들 | 국판 112p / 값 5,000원
■ 몸의 치유와 속죄 | T.J.맥크로산 지음 · 로이 힉스, 케네스 해긴 개정 / 국판 168p / 값 6,000원
■ 그리스도 안에서 | 문고판 48p / 값 1,000원
■ 새로운 탄생 | 문고판 48p / 값 1,000원
■ 방언기도의 능력을 풀어 놓으라 | 문고판 64p / 값 1,200원
■ 재정 분야의 순종 | 문고판 48p / 값 1,000원
■ 말 | 문고판 64p / 값 1,200원
■ 나는 지옥에 갔다 왔습니다 | 문고판 48p / 값 1,000원
■ 하나님의 처방약 | 문고판 64p / 값 1,200원
■ 더 좋은 언약 | 문고판 48p / 값 1,000원
■ 옳은 사고방식 틀린 사고방식 | 문고판 80p / 값 2,000원
■ 속량 - 가난, 질병, 영적 죽음에서 값 주고 되사다 | 문고판 64p / 값 1,200원
■ 예수의 보배로운 피 | 문고판 48p / 값 1,000원
■ 하나님을 탓하지 마십시오 | 문고판 48p / 값 1,000원
■ 네 주장을 변론하라 | 문고판 48p / 값 1,000원
■ 셀 모임에서 성령인도 받기 | 문고판 48p / 값 1,000원
■ 네 염려를 주께 맡겨라 | 문고판 80p / 값 2,000원
■ 성령을 받는 성경적인 방법 | 문고판 64p / 값 1,200원
■ 안수 | 문고판 48p / 값 1,000원
■ 치유를 유지하는 법 | 문고판 48p / 값 1,000원
■ 사랑은 결코 실패하지 않습니다 | 문고판 48p / 값 1,000원
■ 예언을 분별하는 일곱 단계 | 문고판 80p / 값 2,000원
■ 절망적인 상황을 반전시키기 | 문고판 80p / 값 2,000원
■ 당신의 믿음을 풀어 놓는 법 | 문고판 80p / 값 2,000원
■ 하나님의 영광 | 문고판 64p / 값 1,200원
■ 하나님께서 내게 가르쳐 주신 형통의 계시 | 문고판 48p / 값 1,000원
■ 왜 능력 아래 쓰러지는가? | 문고판 48p / 값 1,000원

기타 「믿음의 말씀」 설교자의 책들

■ 성령의 삶 능력의 삶 | 데이브 로버슨 지음 · 김진호 옮김 / 신국판 480p / 값 13,000원
■ 왕과 제사장 | 김진호 지음 / 국판 136p / 값 6,500원
■ 새로운 피조물의 실재 | 김진호 지음 / 국판 256p / 값 9,000원
■ 믿음의 반석 | 최순애 지음 / 국판 352p / 값 12,000원
■ 새 언약의 기도 | 최순애 지음 / 신국판 192p / 값 8,000원

- 성령 인도 | 최순애 지음 / 국판 160p / 값 7,000원
- 복음의 신조 | 최순애 지음 / 국판 208p / 값 8,000원
- 존중하는 삶 | 최순애 지음 / 국판 208p / 값 8,000원
- 승리하는 믿음 | 스미스 위글스워스 지음 · 김진호 옮김 / 46판 112p / 값 4,000원
- 스미스 위글스워스의 천국 | 스미스 위글스워스 지음 · 박미가 옮김 / 신국판 320p / 값 11,000원
- 스미스 위글스워스의 매일묵상 | 스미스 위글스워스 지음 · 박미가 옮김 / 신국판 600p / 값 20,000원
- 위글스워스는 이렇게 했다 | 피터 J. 매든 지음 · 박미가 옮김 / 국판 272p / 값 9,000원
- 스미스 위글스워스의 능력의 비밀 | 피터 J. 매든 지음 · 박미가 옮김 / 국판 200p / 값 7,000원
- 행동하는 신자들 | T. L. 오스본 지음 · 김진호 옮김 / 46판 112p / 값 4,000원
- 기적 - 하나님 사랑의 증거 | T.L. 오스본 지음 · 김진호 옮김 / 46판 144p / 값 4,500원
- 새롭게 시작하는 기적 인생 | T. L. 오스본 / 라도나 오스본 지음 · 박미가 옮김 / 46판 288p / 값 8,000원
- 좋은 인생 | T. L. 오스본 지음 · 박미가 옮김 / 신국판 416p / 값 13,000원
- 성경적인 치유 | T.L. 오스본 지음 · 김진호 옮김 / 국판 272p / 값 10,000원
- 능력으로 역사하는 메시지 | T.L. 오스본 지음 · 김주성 옮김 / 신국판 368p / 값 12,000원
- 100개의 신유 진리 | T.L. 오스본 지음 · 김진호 옮김 / 문고판 48p / 값 1,000원
- 하나님의 큰 그림 | 라도나 C. 오스본 지음 · 문지숙 옮김 / 46판 160p / 값 5,500원
- 믿음의 말씀 고백 기도집 | 잔 오스틴 지음 · 김진호 옮김 / 46판 160p
- 하나님의 사랑의 흐름 | 잔 오스틴 지음 · 김진호 옮김 / 46판 48p
- 견고한 진 무너뜨리기 | 잔 오스틴 지음 · 김진호 옮김 / 46판 48p
- 초자연적인 흐름을 따르는 법 | 잔 오스틴 지음 · 김진호 옮김 / 46판 96p
- 당신의 운명을 바꿀 수 있습니다 | 잔 오스틴 지음 · 김진호 옮김 / 46판 96p
- 어떻게 하나님의 능력을 풀어놓을 수 있는가? | 잔 오스틴 지음 · 김진호 옮김 / 46판 96p
- 복을 취하는 법 | R.R.쏘아레스 지음 · 김진호 옮김 / 국판 128p / 값 5,500원
- 주는 자에게 복이 되는 선물 | R.R.쏘아레스 지음 · 김병수 옮김 / 국판 160p / 값 6,000원
- 믿음으로 사는 삶 | 코넬리아 나줌 지음 · 신현호 옮김 · 김진호 추천 / 46판 176p / 값 6,000원
- 그리스도 안에 있는 나를 인정하기 | 마크 행킨스 지음 · 김진호 옮김 / 문고판 48p / 값 1,000원
- 여기서 머물지 말라 | 크리스 오야킬로메 지음 · 김진호 옮김 / 46판 72p / 값 2,500원
- 방언기도학교 31일 | 크리스/애니타 오야킬로메 지음 · 이종훈/김인자 옮김 / 46판 80p / 값 2,500원
- 이제 당신이 거듭났으니 | 크리스 오야킬로메 지음 · 김진호 옮김 / 문고판 64p / 값 1,500원
- 당신의 인생을 재창조하라 | 크리스 오야킬로메 지음 · Paula Kim 옮김 / 국판 48p / 값 2,000원
- 이 마차에 함께 타라 | 크리스 오야킬로메 지음 · Paula Kim 옮김 / 국판 128p / 값 5,000원
- 그리스도 안에 있는 당신의 권리 | 크리스 오야킬로메 지음 · Paula Kim 옮김 / 국판 64p / 값 2,500원
- 당신의 치유를 유지하기 | 크리스 오야킬로메 지음 · Paula Kim 옮김 / 문고판 24p / 값 500원
- 성령님과 당신 | 크리스 오야킬로메 지음 · Paula Kim 옮김 / 국판 64p / 값 2,500원
- 방언의 능력 | 크리스 오야킬로메 지음 · Paula Kim 옮김 / 문고판 48p / 값 1,000원
- 성령님이 당신 안에서 행하실 일곱 가지 | 크리스 오야킬로메 지음 · Paula Kim 옮김 / 국판 80p / 값 3,500원
- 성령님이 당신을 위해 행하실 일곱 가지 | 크리스 오야킬로메 지음 · Paula Kim 옮김 / 국판 72p / 값 3,000원
- 기적을 받고 유지하는 법 | 크리스 오야킬로메 지음 · Paula Kim 옮김 / 국판 64p / 값 2,500원
- 하나님께서 당신을 방문하실 때 | 크리스 오야킬로메 지음 · Paula Kim 옮김 / 국판 80p / 값 3,500원

- 올바른 방식으로 기도하기 | 크리스 오야킬로메 지음 · Paula Kim 옮김 / 국판 64p / 값 2,500원
- 당신의 믿음을 역사하게 하는 법 | 크리스 오야킬로메 지음 · Paula Kim 옮김 / 국판 112p / 값 5,000원
- 끝없이 샘솟는 기쁨 | 크리스 오야킬로메 지음 · Paula Kim 옮김 / 국판 32p / 값 1,500원
- 기름과 겉옷 | 크리스 오야킬로메 지음 · Paula Kim 옮김 / 국판 96p / 값 4,000원
- 약속의 땅 | 크리스 오야킬로메 지음 · Paula Kim 옮김 / 국판 224p / 값 8,000원
- 하나님의 일곱 영 | 크리스 오야킬로메 지음 · Paula Kim 옮김 / 국판 112p / 값 5,000원
- 예언 | 크리스 오야킬로메 지음 · Paula Kim 옮김 / 국판 88p / 값 4,000원
- 시온의 문 | 크리스 오야킬로메 지음 · Paula Kim 옮김 / 국판 96p / 값 4,000원
- 붉은 줄의 기적 | 리차드 부커 지음 · 황성하 옮김 / 국판 288p / 값 10,000원
- 당신은 이미 가졌습니다 | 앤드류 워맥 지음 · 두영규 옮김 / 국판 320p / 값 11,000원
- 당신이 말한 대로 얻게 됩니다 | 돈 고셋 지음 · 전진주 옮김 / 국판 288p / 값 10,000원
- 예수 - 치유의 길 건강의 능력 | 윌포드 H. 리트 지음 · 김진호 옮김 / 국판 304p / 값 11,000원
- 믿음과 고백 | 찰스 캡스 지음 · 신현호 옮김 / 신국판 384p / 값 12,000원
- 십자가에서 보좌까지 무슨 일이 일어났는가? | E. W. 케년 지음 · 서승훈 옮김 / 신국판 368p / 값 12,000원
- 성령 충만한 그리스도인의 지침서 | 데릭 프린스 지음 · 조철환, 서승훈 옮김 / 신국판 752p / 값 30,000원